BEI GRIN MACHT SICH IHR WISSEN BEZAHLT

AF140842

- Wir veröffentlichen Ihre Hausarbeit,
  Bachelor- und Masterarbeit

- Ihr eigenes eBook und Buch -
  weltweit in allen wichtigen Shops

- Verdienen Sie an jedem Verkauf

Jetzt bei www.GRIN.com hochladen
und kostenlos publizieren

Bibliografische Information der Deutschen Nationalbibliothek:

Die Deutsche Bibliothek verzeichnet diese Publikation in der Deutschen National-bibliografie; detaillierte bibliografische Daten sind im Internet über http://dnb.d-nb.de/ abrufbar.

Impressum:

Copyright © 2016 GRIN Verlag, Open Publishing GmbH
Druck und Bindung: Books on Demand GmbH, Norderstedt Germany
ISBN: 9783668557789

Dieses Buch bei GRIN:

http://www.grin.com/de/e-book/378192/trainingsplanung-zur-gewichtsreduktion-linderung-von-rueckenschmerzen

Alex Winter

Trainingsplanung zur Gewichtsreduktion, Linderung von Rückenschmerzen und Senkung des Blutdrucks

GRIN Verlag

GRIN - Your knowledge has value

Der GRIN Verlag publiziert seit 1998 wissenschaftliche Arbeiten von Studenten, Hochschullehrern und anderen Akademikern als eBook und gedrucktes Buch. Die Verlagswebsite www.grin.com ist die ideale Plattform zur Veröffentlichung von Hausarbeiten, Abschlussarbeiten, wissenschaftlichen Aufsätzen, Dissertationen und Fachbüchern.

Besuchen Sie uns im Internet:

http://www.grin.com/

http://www.facebook.com/grincom

http://www.twitter.com/grin_com

Deutsche Hochschule für

Prävention und Gesundheitsmanagement

Hermann Neuberger Sportschule 3

66123 Saarbrücken

Einsendeaufgabe

Fachmodul:	Trainingslehre I
Studiengang:	Fitnessökonomie
Datum Präsenzphase:	16.05.2016 bis 20.05.2016
Studienort:	**München**
Semester:	**WS 15**

Inhaltsverzeichnis

1   Diagnose

1.1   Allgemeine und biometrische Daten

Tabelle 1: Allgemeine und biometrische Daten

Alter	42
Geschlecht	weiblich
Körpergröße	160cm
Körpergewicht	68kg
Trainingsmotive	Gewichtsreduktion, Körperformung Rückenschmerzen vermindern
Berufliche Tätigkeit	Bürokauffrau
Aktuelle sportliche Aktivität	1 Mal pro Woche 30min Walking
Frühere sportliche Aktivität	Tennis von 8 bis 16 Jahren zwei Mal pro Woche
Zeitlicher Verfügungsrahmen	2-3 Einheiten pro Woche
Blutdruck	131/84 mmHg
Allgemeiner Gesundheitszustand	Rückenschmerzen nach langem Sitzen, sonst körperlich und gesundheitlich keine Probleme

1.1.1   Bewertung der erhobenen Daten

Frau YZ hat mit einem Körpergewicht von 68kg auf eine Größe von 160cm, einen BMI(kg/m^2) von 26,56 (68/1,6^2). Somit weist sie nach der BMI Klassifikation der World Health Organization ein leichtes Übergewicht auf. Der Normbereich für einen Erwachsenen befindet sich zwischen 18,5 und 24,99. (World Health Organization, 1995, 2000,2004).

Der Blutdruck befindet sich mit 131/84 mmHg im hochnormalen Bereich und ist somit noch ungefährlich. Durch regelmäßige sportliche Aktivität und eine Gewichtsreduktion ist es im Verlaufe der kommenden Monate möglich in einen Normal- oder Optimalbereich zu kommen(vgl. Tabelle 2).

Bis auf leichte Rückenbeschwerden nach langem Sitzen liegen bei Frau YZ keine weiteren Einschränkungsfaktoren vor, sodass sie, unter Beachtung des Status „Sportanfänger", ohne Einschränkungen in das Training eingeführt werden kann.

Tabelle 2: Blutdruckklassifikation nach WHO

Bewertungsstufen	Systolischer Blutdruck	Diastolischer Blutdruck
Normblutdruck		
Optimal	Unter 120 mmHg	Unter 80 mmHg
Normal	Unter 130 mmHg	Unter 85 mmHg
Hochnormal	130-139 mmHg	85-89 mmHg
Bluthochdruck		
Stufe 1	140-159 mmHg	90-99 mmHg
Stufe 2	160-179mm Hg	100-109 mmHg
Stufe 3	>= 180 mmHg	>= 110 mmHG

1.2 Krafttestung

Zur Ermittlung der Trainingsgewichte von Frau YZ wird ein maschinengeführter X-RM Test (Mehrwiederholungstest) absolviert. Unter dem Aspekt des Status Trainingsanfänger eignet sich dieser Test am besten. Der Trainierende kann sich auf eine korrekte und saubere Übungsausführung am jeweiligen Gerät konzentrieren und muss sich nicht zusätzlich mit komplexen und anspruchsvollen Bewegungsabläufen auseinandersetzen. Zudem werden die passiven Strukturen beim Mehrwiederholungstest geschont und nicht zu stark belastet.

1.2.1 Testablauf

Bevor es an das Ermitteln der zukünftigen Trainingsgewichte geht, beginnt der Testablauf mit einem allgemeinen Aufwärmen. Hierzu wärmt sich die Kundin zehn Minuten bei moderater Intensität (Puls 140 Schläge/min) auf einem Crosstrainer auf. Nachdem sie sich durch das Erwärmen mental und körperlich auf den Krafttest vorbereitet hat, beginnt der Testablauf.

Da Frau YZ ein Trainingsneuling ist, wird mit einem X-RM Test mit 20 Wiederholungen bei jedem Gerät gearbeitet, um das spätere Arbeitsgewicht für ihren Kraftausdauer-Zyklus festlegen zu können.

Das Testgewicht an jedem Gerät wird durch subjektive Einschätzung des Trainers vorgenommen.

Auf spezielles Aufwärmen und Vorbereiten der beanspruchten Muskulatur am jeweiligen Gerät wird verzichtet, da die Kundin zum einen die Geräte bezüglich der Übungsausführung aus der Eingewöhnungsphase kennt oder aber neue Geräte vom Trainer gezeigt bekommt.

Aufwärmsätze der beanspruchten Muskulatur sind bei einem X-RM Test mit 20 Wiederholungen nicht notwendig, da sowohl das verwendete Gewicht, als auch die Wiederholungsanzahl keine zu große Belastung auf aktiven und passiven Bewegungsapparat ausüben.

Somit wird im Folgenden jedes Gerät mit ein bis drei Testsätzen durchgeführt, bis ein Gewicht gefunden wurde, mit dem gerade 20 Wiederholungen sauber und korrekt ausgeführt werden können. Wird mehr als ein Testsatz benötigt, wird eine Satzpause von 120 Sekunden eingehalten.

Tabelle 3: Ergebnisse 20-RM Test

Übung	1. Test-satz	2. Test-satz	3. Test-satz	Ergebnis
Beinpresse horizontal	40kg	50kg	-	50kg
Abduktion Maschine	15kg	20kg	-	20kg
Sitzendes Rudern am Gerät	20kg	-	-	20kg
Rückenstrecker an Maschine	20kg	-	-	20kg
Brustpresse	10kg	-	-	10kg
Reverse Butterfly	10kg	12,5kg	-	12,5kg
Crunches	11 Stück	-	-	14 Stück

1.2.2 Schlussfolgerung

Durch die festgelegten Testgewichte kann im späteren Verlauf bei der Erstellung eines Mesozyklus, in Anlehnung an die ILB-Methode, der Kundin bei jeder Übung das passende Gewicht für den jeweiligen Mikrozyklus mitgeteilt beziehungsweise notiert werden.

Beim Erreichen der nächsten Mesozyklen und einer jeweils erneuten Durchführung eines X-RM Tests können kontinuierlich die Kraftsteigerungen und die daraus festzulegenden

Trainingsgewichte bestimmt werden. Neben dem Informationsgehalt für den Trainer, der die Gewichte zur Berechnung des jeweiligen Trainingsgewichtes benutzt, kann die Kundin selbst, spätestens bei erneuter Durchführung derselben Mesozyklusart (Kraftausdauer, Hypertrophie, Maximalkraft), ihre Kraftfortschritte feststellen. Somit ist auch aus Kundensicht ein Fortschritt erkennbar.

Auf den 20 RM Test aufbauend wird ein sechswöchiger Kraftausdauerzyklus mit 50-70% der Testergebnisse, aufbauend auf die Beginner-Stufe der ILB-Methode, erstellt. Die Kundin kann sich und ihren Körper kontinuierlich an die neuen Trainingsreize gewöhnen, Übungsausführungen verinnerlichen und ihren Körper mit einer zugleich stattfindenden Kapillarisierung durch den Kraftausdauerzyklus auf spätere Mesozyklen vorbereiten.

Tabelle 4: ILB-Methode

Leis-tungs-stufe	Zeitstufe (Monate)	Orga.-form	Einhei-ten/ Woche	Übun-gen/ Muskel	Sätze/ Übung	Intensität % X-RM
Orientie-rungs-stufe	0-1,5	Ganzkörper	2	1-2	1-2	Gering
Beginner	1,5-6	Ganzkörper	2	1-2	1-2	50-70
Geübter	6-12	Ganzkörper	2-3	1-2	2	60-80
Fortge-schritte-ner	>12	Ganzkörper/ Split	3-4	1-3	2-3	70-90
Leis-tungs-trainie-render	>36	Ganzkörper/ Split	3-6	1-4	2-4	80-100

2 Zielsetzung/Prognose

Tabelle 5: Ziele

Inhalt	Ausmaß	Zeit
Gewichtsreduktion	5kg	6 Monate
Rückenschmerzen verbessern	Schmerzskala 1-10: Häufigkeit von 6 auf 2 Schmerz von 5 auf 2	3 Monate
Senkung Blutdruck	Systolisch: 131 mmHg auf 125 mmHg Diastolisch: 84 mmHg auf 80 mmHg	3 Monate

Als erstes Ziel wurde mit der Kundin die Gewichtsreduktion auf ihr Wunschgewicht von 63kg festgelegt. Durch ein stetiges Krafttraining in Kombination mit Ausdauer und einer, im Rahmen ihrer Möglichkeiten, angepassten Ernährungsroutine wurde dieses Ziel auf sechs Monate festgelegt. Auch wenn eine deutlich schnellere und auch größere Abnahme in diesem Zeitraum möglich wäre, hat man sich vorerst ein relativ leicht zu erreichendes Ziel gesetzt, was unter den oben genannten Punkten gut realisierbar ist. Somit kann die Motivation der Kundin beibehalten werden und beim Erreichen des Ziels das durchgeführte Vorgehen bekräftigt werden.

Als weiteres Ziel geht es um Linderung der Rückenschmerzen, welche hauptsächlich nach langem Sitzen bei der Arbeit oder beim Autofahren auftreten. Um auch hier keine utopischen Versprechungen zu machen, wurde vorerst die Schmerzhäufigkeit und die Schmerzintensität mit der Kundin auf einer Schmerzskala von 1-10 festgelegt. Durch die Kräftigung der Rückenmuskulatur wird eine Verbesserung der Schmerzhäufigkeit um vier und der Schmerzintensität um drei innerhalb der nächsten drei Monate angestrebt.

Als letztes Ziel wurde eine Senkung des hochnormalen Blutdrucks von Kundin YZ festgelegt. Auch wenn die aktuellen Werte noch im oberen Normbereich waren, so wird innerhalb der nächsten 3 Monate angestrebt, den systolischen Blutdruck um sechs mmHg und den diastolischen Blutdruck um vier mmHg zu senken. Durch die angestrebte Gewichtsreduktion und die automatische Verbesserung des Herzkreislaufsystems, in Folge von Kraft- und Ausdauertraining in der Zukunft, sollte diese Verbesserung problemlos „automatisch" stattfinden.

3 Trainingsplanung Makrozyklus

Tabelle 6: Makozyklus nach ILB-Methode

	Mesozyklus I		Mesozyklus II		Mesozyklus III		Mesozyklus IV
Dauer in Wochen	6		6		6		6
Trainingsmethodik	Kraftausdauer		Hypertrophie (Übergangsphase)		Hypertrophie extensiv		Hypertrophie intensiv
Organisationsform	Ganzkörpertraining Zirkel		Ganzkörpertraining Station		Ganzkörpertraining Station		Ganzkörpertraining Station
Häufigkeit pro Woche	2	I L B T E S T 1 5 W D H	2	I L B T E S T 1 2 W D H	2	I L B T E S T 8 W D H	2
Übungen pro Muskelgruppe	1-2		1-2		2		1-2
Sätze pro Übung	1-2		2		2		2
Intensität in %	50 – 70 % (Steigerung um 10% jede 2. Woche)		50 – 70 % (Steigerung um 10% jede 2. Woche)		50 – 70 % (Steigerung um 10% jede 2. Woche)		50 – 70 % (Steigerung um 10% jede 2. Woche)
Wiederholungen	20		15		12		8
Satzpausen	-		60 Sekunden		60 Sekunden		90 Sekunden
Bewegungstempo (T-U-T)	2-0-2		2-0-2		2-0-2		2-0-2

Als Periodisierungsmodell wurde auf Grundlage des 20-RM Tests die ILB-Methode benutzt. Demnach ist Frau YZ als Beginner einzustufen, wodurch Parameter wie Organisationsform, Einheiten pro Woche, Übungen pro Muskel, Sätze pro Muskel und Intensität grob und teilweise fein vorgegeben sind.

Gestartet wird mit einem sechswöchigen Kraftausdauer-Training in Mesozyklus eins. Hierbei liegt der Hauptfokus auf der Verbesserung und Optimierung des anaerob-laktaziden Muskelstoffwechsels, auf der Kapillarisierung des Herz-Kreislauf-Systems und auf der Anpassung des aktiven und passiven Bewegungsapparats. Gerade die Durchführung eines Zirkeltrainings unterstützt diese Aspekte nochmals positiv. Die ersten sechs Monate wird zweimal pro Woche mit mindestens 48 Stunden Regenerationszeit zwischen den Einheiten trainiert. Das Prinzip der optimalen Relation zwischen Belastung und Erholung wird somit gewährleistet. Mit jeweils ein bis zwei Übungen und zwei Sätzen pro Muskel wird eine Überbelastung der Kundin vermieden und die Trainingszeit überschaubar gehalten, sodass nach dem Krafttraining ein 30-minütiges Ausdauerprogramm angehängt werden kann, um den kcal- Verbrauch zu steigern und der Gewichtreduktion positiv beizusteuern. Ganzheitlich dauert eine Trainingseinheit 60 Minuten. Die Ausschüttung des Stresshormons Cortisol in großen Mengen bei zu langer Kraft- und Ausdauerleistung (Robson, Blannin, Walsh, Castell, & Gleeson, 1999, S. 128-130) wird somit vermieden. Durch die Ausführung mit maximal 70% der größtmöglichen Kraft ist ein gefahrloses Heranführen an den Kraft- und Gesundheitssport für Frau YZ gewährleistet.

Im zweiten Mesozyklus wurde eine Hypertrophie-Übergangsphase gewählt. Zu Beginn wird ein erneuter X-RM Test, jetzt mit 15 Wiederholungen, zur Gewichtsbestimmung durchgeführt. Hierdurch wird ein automatisch höheres Arbeitsgewicht und damit eine höher aufzubringende Kraft im Muskel benötigt. Unter Beibehaltung des Ganzkörpertrainings wird nun in Form eines Stationstrainings trainiert. Anders als beim Zirkeltraining wird jede Übung bis zu zwei Mal ausgeführt, wodurch die Muskulatur eine kürzere Pause zwischen den zwei Belastungen erfährt. Nachdem das Herz-Kreislaufsystem in letzten Mesozyklus optimiert wurde, wird die Kundin nun langsam an das Krafttraining herangeführt, sodass nach und nach alle zum Gesundheitssport gehörenden Parameter, die grundlegenden motorischen Fähigkeiten Koordination und Beweglichkeit, sowie die konditionellen Fähigkeiten Kraft, Ausdauer und Schnelligkeit erlernt und optimiert werden.

In Mesozyklus drei werden die Wiederholungen weiter reduziert, während das Stations-training zweimal pro Woche beibehalten wird. Zu Beginn des neuen Mesozykluses wird ein X-RM Test mit den angestrebten Wiederholungen, in diesem Fall zwölf, ausgeführt. Es werden nicht mehr ein bis zwei, sondern dauerhaft zwei Übungen pro Muskel trainiert, wodurch auch kleinere Muskeln, wie beispielsweise der Deltamuskel, intensiver belastet werden.

Im letzten hier dargestellten Mesozyklus findet ein intensives Hypertrophie-Training statt. Frau YZ ist nun seit 4,5 Monaten im Training und erstmals in der Lage schwerer und intensiver zu trainieren. Neben dem Senken der Wiederholungen auf acht, mit einem dementsprechend vorausgehenden 8-RM Test, wird die Satzpausendauer auf 90 Sekun-den erhöht, um dem Körper genug Erholung bis zur nächsten Beanspruchung zu geben. Die Übungszahl pro Muskel bei kleineren Muskeln wird auf eine Übung reduziert, um zum einen die Trainingsbelastung, aber auch die Trainingsdauer nicht zu groß werden zu lassen.

4 Trainingsplanung Mesozyklus

Tabelle 7: Mesozyklus I Daten

Zyklusdauer	6 Wochen
Trainingsziel	Gewichtsreduktion 1,5kg
Einheiten pro Woche	2
Organisationsform	Ganzkörpertraining Zirkel
Übungen pro Muskelgruppe	1-2
Sätze pro Übung	1-2
Satzpausen	-
Wiederholungszahl	20
Intensität	50-70%
Bewegungstempo	2-0-2 TUT

Tabelle 8: Mesozyklus I

Übung	Wdh	1. Woche 50%	2. Woche 50%	3. Woche 60%	4. Woche 60%	5. Woche 70%	6. Woche 70%
Bein- presse horizontal	20						
Abduktion Maschine	20						
Sitzendes Rudern am Gerät	20						
Rücken- strecker an Maschine	20						
Brust- presse	20						
Reverse Butterfly	20						
Crunches	Max						

Das Training in Mesozyklus eins findet ausschließlich an maschinengeführten Geräten statt. Die Kundin kann sich somit auf die jeweilige Übung konzentrieren und einstellen und wird anfangs nicht durch komplexe Bewegungsabläufe überfordert, die oft mit daraus resultierenden falschen Übungsausführungen einhergehen. Grundprinzipien der Übungs-reihenfolge sind, dass große Muskelgruppen in Form von Beine, Rücken und Brust zu Beginn trainiert werden, kleine Muskelgruppen zum Ende hin. Begonnen wird im glei-chen Zuge mit komplexen mehrgelenkigen Übungen, vor eingelenkigen Übungen. Koor-dinativ anspruchsvolle Übungen, die eine erhöhte Körperwahrnehmung und Körperspan-nung voraussetzten, werden zur Vermeidung von Verletzungen und Fehlerbildern am An-fang des Trainings absolviert.

Wie in Tabelle acht erkenntlich wird werden die größten Muskelgruppen, Beine und Rü-cken, mit zwei Übungen ausgeführt. Die Beinübungen dienen der Formung und Kräfti-gung des Unterkörpers, die Rückenübungen in erster Linie der Kräftigung und Stabilisie-rung, um in diesem Zuge die vorhandenen Rückenschmerzen der Kundin YZ nach und nach zu verbessern. Das restliche Training deckt, im Stile eines Ganzkörperplans, alle Muskeln ab, die entweder direkt als Agonist oder indirekt als Synergist mittrainiert werden.

Im Zuge des Zirkeltrainings wird so jede Übung ohne Satzpause zwei Mal durchgeführt, wobei immer die vorgegeben 20 Wiederholungen ausgeführt werden sollen.

Das Bewegungstempo bei jeder Übung soll nach dem 2-0-2 Prinzip absolviert werden, das heißt zwei Sekunden konzentrisch, null Sekunden beim Umkehrpunkt und abermals zwei Sekunden in der exzentrischen Arbeitsphase. Somit ist eine saubere und schwunglose Übungsausführung gewährleistet, bei der die Hauptarbeit der jeweilige Agonist übernimmt. Nachdem zwei komplette Durchgänge absolviert wurden, ist das Kraftausdauertraining für die Kundin beendet, und sie begibt sich bei moderater Intensität (Puls 140 Schläge/Minute), beziehungsweise anfangs nach persönlichem Leistungsempfinden, auf ein Gerät ihrer Wahl und absolviert ein 30-minütiges Ausdauertraining.

Begonnen wird jede Trainingseinheit mit einem zehnminütigen Aufwärmprogramm, das bereits in Unterpunkt 1.2.1 aufgeführt wurde.

Als erste Übung wird die horizontale Beinpresse mit aufrechter Rückenlehne absolviert. Das Training wird mit einer komplexen, mehrgelenkigen Übung begonnen. Zur Schonung und Entlastung des schmerzenden Rückens wird die Lehne in einem 45°-Winkel eingestellt. M. quadriceps femoris, M. glutaues maximus, M. biceps femoris caput longum, M. semitendinosus und M. semimembranosus werden hierbei trainiert. Neben dem Effekt eines erhöhten Energieverbrauchs durch den Einsatz großer Muskelgruppen, tragen gerade das Training der vorderen und hinteren Oberschenkelmuskulatur, sowie des großen Gesäßmuskels zur Formung und Straffung des Unterkörpers bei. Nach 20 Wiederholungen, welche durch den vorgegebenen Bewegungsradius sauber und sicher ausgeführt wurden, wechselt Kundin YZ zur Abduktionsmaschine.

Hier wird hauptsächlich der M. glutaeus medius trainiert. Somit wurde sowohl für die große, als auch die mittlere Gesäßmuskulatur ein entsprechender „Straffungsreiz" gesetzt. Bei der geführten Bewegung ist eine korrekte Ausführung ohne Abfälschen für die Trainierende optimal gewährleistet.

Die zweite große Muskelgruppe, die des Rückens, wird mit der sitzenden Rudermaschine am Gerät begonnen. Die Probandin stützt sich in aufrechter Haltung mit ihrem Brustbein zur Stabilisierung an das Brustpolster der Maschine. Neben dem M. latissimus dorsi werden hier hauptsächlich M. teres major, M. trapezius pars transversa, M. deltoideus pars spinata und M. biceps brachii trainiert. Somit wird die Stützmuskulatur im Rücken, gerade im oberen Bereich, wo Kundin YZ nach längerem Sitzen am Computer Schmerzen und Verspannungen hat, gekräftigt.

Zur Stärkung des unteren Rückens wird anschließend der Rückenstrecker an der Maschine trainiert. Die beschriebenen Schmerzen im unteren Rücken bei langem Sitzen sollen durch ein Training der Mm. erector spinae verbessert und behoben werden. Gerade der laterale Trakt, besonders M. longissimus dorsi, verhindert im Zusammenspiel mit M. quadratus lumborum und M. gluteus medius das Absinken des Beckens und hat zusammen mit M. iliocostalis lumborum eine lordoserverstärkende Wirkung (Böhni, Lauper, & Locher, 2011, S. 556).

Als Antagonist zum Rücken wird im Folgenden der M. pectoralis majaor, sowie der M. deltoideus pars acromialis und pars clavicularis in der sitzenden Brustpresse trainiert. Um das Thema Körperformung im Auge zu behalten, wird hier im gleichen Zuge als Synergist der M. triceps brachii trainiert, der zur Straffung des Oberarms beitragen soll.

Um die obere Rücken- und Nackenmuskulatur weiter zu kräftigen und Kundin YZ bei der Beseitigung der Rückenschmerzen zu helfen, wird dieser Teil an der Reverse Butterfly Maschine trainiert. Primär arbeiten hier der M. deltoideus pars spinata, sowie der M. trapezius transversa und Mm rhomboidei.

Als letzte Übung, in diesem Fall erstmals auch nicht maschinengeführt, wird ein gerader Crunch mit über der Brust verschränkten Armen durchgeführt. In beiden Durchgängen wird eine maximal mögliche Wiederholungsanzahl bei sauberer Ausführung, angestrebt. Zur Flexion der Wirbelsäule arbeiten hier der M. rectus abdominis, M. obliquus externus und internus abdominis und M. transversus abdominis. Um die wichtige Stützfunktion der Bauchmuskulatur bei allen anderen Übungen zu gewährleisten, wird diese am Schluss trainiert.

Nachdem der erste Durchgang im Zirkel absolviert wurde, folgt der zweite finale Durchgang.

Zum Abschluss des Trainings begibt sich Frau YZ 30 Minuten auf ein Ausdauergerät ihrer Wahl. Neben der angestrebten Verbesserung der Herz-Kreislauffunktionen werden weitere Kalorien verbraucht. Die Intensität dieses moderaten Ausdauertrainings wird die letzten zehn Minuten nach dem Prinzip des „Cool-Downs" langsam herunterreguliert, um die Regenerationszeit zu verkürzen, die Kreislauffunktionen zu drosseln und die nach dem Training erhöhte Muskelspannung zu senken.

5 Literaturrecherche

Tabelle 9: Effekte des Krafttrainings bei Rückenbeschwerden

Titel der Studie	Die Rekonditionierbarkeit chronischer Rückenpatienten mit muskulärer Insuffizienz	Progressives dynamisches Krafttraining als Behandlungsmaßnahme bei Patienten mit chronischen Rückenschmerzen
Durchgeführt von	H. Uhlig	Philipp Weishaupt Antje Hoffman
Publiziert	1999	1999
Versuchspersonen	136 Versuchspersonen, 135 haben das Projekt beendet 57 Männer im Alter von 43,6 +/- 12,6 Jahre 78 Frauen im Alter von 43,6 +/- 11,6 Jahre Alle Versuchspersonen leiden an chronischen Rückenschmerzen, überwiegend unteres LWS-Segment.	15 Versuchspersonen (10 Frauen, 5 Männer) im Alter zwischen 25 und 64 Jahren mit durchschnittlich chronischen Rückenschmerzen seit 11,5 Jahren. Alle Teilnehmer haben mindestens einen primär oder sekundär bedingten BSV.
Versuchsaufbau	Trainingsprogramm bestand aus 3-monatigem Aufbauprogramm mit 24 Trainingseinheiten zu je 60 Minuten an speziell entwickelten Trainingsgeräten mit variablem Widerstand. Als begleitende Maßnahmen wurden funktionsgymnastische Mobilisierung, Dehnung und Kräftigung eingesetzt.	Nach umfangreicher Anamnese durch einen Facharzt für Orthopädie, wurde eine biomechanische Funktionsanalyse nach Denner durchgeführt. Zwölfwöchiges Training, zweimal in der Woche, je 60 Minuten, an speziell entwickelten Trainingsgeräten mit variablem Widerstand.

	Vor und nach der Studie wurde eine klassische orthopädische Untersuchung mit allen Teilnehmern durchgeführt. Vor Beginn und 7 bis 10 Tage nach der letzten Trainingseinheit wurden Messparameter nach Denner erhoben.	Eine Analyse wurde zudem in der Mitte des Trainings und zehn Tage nach der letzten Einheit durchgeführt.
Ergebnisse und Schlussfolgerungen	135 Teilnehmer haben das Programm beendet. Die Beweglichkeit der Lenden- und Brustwirbelsäule vergrößerte sich in allen Bewegungsebenen um durchschnittlich 13,9°. Die Kraft aller wirbelsäulenstabilisierenden Muskelgruppen erhöhte sich im Bereich des Rumpfes im Durschnitt um 53,7% und im Bereich der HWS um 46,6%. Signifikante Steigerung der dynamischen Leistungsfähigkeit der Rumpfextensoren um durchschnittlich 23,6%. Bei allen Teilnehmern vollständige (54,5%) oder verbesserte (72%) Schmerzbeseitigung.	Hochsignifikanter Kraftzuwachs in allen Bewegungen. 43,8% der Teilnehmer waren beschwerdefrei. Bei 88,9% verringerte sich die Regelmäßigkeit der Beschwerden. Bei 100% reduzierte sich die Intensität der Schmerzen im LWS-Bereich.
Quelle	(Uhlig, 1999, S. 40-45)	(Weishaupt & Hofmann, 1999, S. 60-64)

6 Literaturverzeichnis (Böhni, Lauper, & Locher, 2011)

Böhni, U. W., Lauper, M., & Locher, H. A. (2011). *Manuelle Medizin 2: Diagnostische und therapeutische Techniken praktisch anwenden.* Thieme.

Robson, P. J., Blannin, A. K., Walsh, N. P., Castell, L. M., & Gleeson, M. (1999). Effects of Exercise Intensity, Duration and Recovery on in virto Neutrophil Funcion in Male Athletes.

Uhlig, H. (01 1999). Die Rekonditionierbarkeit chronischer Rückenpatienten mit muskulärer Insuffizienz. *Manuelle Medizin,* S. 40-45.

Weishaupt, P., & Hofmann, A. (1999). Progressives dynamisches Krafttraining als Behandlungsmaßnahme bei Patienten mit chronischen Rückenschmerzen. *Manuelle Therapie 3,* S. 60-65.

World Health Organization. (01. 01 1995, 2000,2004). Abgerufen am 22. 05 2016 von http://apps.who.int/bmi/index.jsp?introPage=intro_3.html

7 Tabellenverzeichnis